Aprendamos s

por Tristan F. Nicholas

¿De dónde viene el calor?

El **calor** se mueve de las cosas calientes a las cosas frías.
El calor viene de la luz del Sol.
La luz del Sol calienta la Tierra.

El calor

El calor viene del fuego.

El calor calienta muchas cosas.

El calor también viene de otras cosas.

¿Cómo actúa la energía?

La luz es una forma de energía.
La luz del Sol es energía.
La **energía** hace cambiar las cosas.
Las cambia de frío a caliente.

Los colores oscuros retienen el calor de la luz.

Los colores claros retienen menos calor.

Las cosas de colores claros se sienten más frescas.

¿De dónde vienen la luz y la sombra?

La luz viene del Sol.

La luz también viene del fuego.

La luz viene de las estrellas y de las velas.

La luz viene de las luciérnagas.

¿De dónde más viene la luz?

Formar sombras

Algunas cosas no dejan pasar la luz.
El juguete no deja pasar la luz.
Alumbra el juguete con la linterna.
El juguete forma una sombra.

Cuando algo no deja pasar la luz, se forma una **sombra.**

La sombra es grande cuando la luz está cerca.

La sombra es pequeña cuando la luz está lejos.

Las sombras cambian

Las sombras no siempre son iguales. El árbol hace esta sombra por la mañana.

Al mediodía, la sombra del árbol es diferente.
El Sol parece que se mueve a lo largo del día.
Entonces las sombras cambian.

¿Qué cosas usan energía?

Combustible es todo lo que se quema para que dé calor o energía. La gasolina es un combustible. Los carros necesitan combustible. Les da energía para moverse.

La **electricidad** hace que funcionen muchas cosas. Los semáforos funcionan con electricidad.

Usos de la energía

Cuando enciendes un ventilador, obtiene energía.

La electricidad pasa del tomacorriente al cable.

El juguete obtiene energía de una pila.

La **pila** guarda energía.

¿Cómo obtienes energía?

Usas energía todo el tiempo.
Obtienes energía de los alimentos.
Necesitas energía para moverte
y crecer.

Glosario

calor se mueve de las cosas calientes a las cosas frías

combustible todo lo que se quema para que dé calor o energía

electricidad hace que funcionen muchas cosas

energía hace cambiar las cosas

pila algo que guarda energía

sombra lo que se ve cuando algo no deja pasar la luz